AF254106

LES
LETTRES

DU

SERGENT BRAULT

DISCOURS

Prononcé à la Séance Solennelle de Rentrée de l'Université de Clermont

LE 25 NOVEMBRE 1897

PAR

M. DESDEVISES DU DEZERT

Professeur d'Histoire à l'Université.

CLERMONT-FERRAND

TYPOGRAPHIE ET LITHOGRAPHIE G. MONT-LOUIS

—

1897

LES
LETTRES

DU

SERGENT BRAULT

~~~~~~~~~~~~~~

DISCOURS

Prononcé à la Séance Solennelle de Rentrée de l'Université de Clermont

LE 25 NOVEMBRE 1897

PAR

M. DESDEVISES DU DEZERT

Professeur d'Histoire à l'Université.

CLERMONT-FERRAND

TYPOGRAPHIE ET LITHOGRAPHIE G. MONT-LOUIS

—

1897
~~~~~~~~~~~~~~

DISCOURS

DE

M. DESDEVISES DU DEZERT

Professeur d'Histoire à l'Université

LES LETTRES DU SERGENT BRAULT
(1792-1803).

Monsieur le Recteur,

Messieurs,

Par nostalgie de l'action, la France s'est reprise d'une belle passion pour l'épopée révolutionnaire et impériale. Il n'est si petite relique de cette grande époque qui n'ait été pieusement recueillie. Les *Cahiers du capitaine Coignet* n'ont pas eu moins de lecteurs que les *Mémoires du général baron de Marbot*. C'est justice. Parmi les deux millions d'hommes qui de 1792 à 1815 se sont battus pour la France, l'histoire a retenu quelques centaines de noms ; presque tous les autres sont à jamais ensevelis dans l'oubli. Cependant ce furent ces obscurs qui remportèrent la victoire ; chacun d'eux a sa part dans le triomphe, et comme ils furent les missionnaires armés d'un nouveau dogme politique, comme ils firent, à tout prendre, œuvre libérale et émancipatrice, comme ils

eurent conscience du rôle qu'ils ont joué, il est singulière-
ment intéressant de rechercher, toutes les fois qu'une pareille
recherche est possible, quel fut leur idéal et quelles forces
transformèrent en héros et en conquérants nos paysans les
plus pacifiques. C'est une étude de ce genre que je vais
tenter, en lisant avec vous les lettres inédites d'un simple
sergent de grenadiers de l'armée du Nord.

Rien ne semblait le préparer à la vie aventureuse qu'il devait
mener. Son père, Alexis Brault, administrait les domaines
d'un riche propriétaire, M. de Montpinson, et habitait la
ferme du Gâtoir, près de Mayenne. Pays de métayage et de
petite culture, bosselé de petites montagnes verdoyantes,
rayé de petites rivières aux eaux claires, le Maine vivote
entre la riche et matérialiste Normandie et l'âpre et supersti-
tieuse Bretagne. La vie y est surtout rurale, cependant quelques industries y prospéraient dès la fin du siècle dernier. Il
n'était pas de petite ville ou de gros bourg où l'on n'entendît
le tic-tac régulier des métiers à tisser la toile. Moins bruyants
que les Normands, moins taciturnes que les Bretons, les
Manceaux sont gens laborieux et paisibles, dont le parler un
peu lent et un peu sentencieux traduit bien le bon sens et la
placidité. Ils révéraient fort le clergé et respectaient les
gentilshommes, mais leur culte pour l'Eglise et pour la
noblesse n'allait pas jusqu'à l'idolâtrie, et leur esprit n'était
pas resté fermé à toutes les idées nouvelles. Dans ce calme
pays, Alexis Brault était un peu moins qu'un bourgeois et
un peu plus qu'un paysan. Tout en gérant avec sagesse les
métairies des Montpinson, il s'inquiétait des grands événe-
ments dont Paris était le théâtre, il se réjouissait de l'abolition
des privilèges, il copiait de sa main la Constitution civile du
clergé, et quand la Terreur fut venue, il arbora prudemment
la cocarde tricolore et se fit délivrer un certificat de civisme
par la municipalité. Cinq de ses enfants vécurent comme lui
de cette vie tranquille et laborieuse, qui ne connaît d'autres
incidents que des mariages, des baptêmes, et des enterre-

ments. Deux de ses fils embrassèrent la carrière militaire. Son second fils, Etienne, mourut à l'hôpital militaire de Saint-Omer le 20 mai 1793. Son fils aîné, Alexandre, prit part comme sergent de grenadiers aux campagnes de Belgique, de Flandre et de Hollande de 1792 à 1796, passa ensuite à l'armée d'Italie et mourut à Saint-Domingue, le 30 Thermidor an XI, presque au moment où il venait d'obtenir les épaulettes de capitaine. J'ai l'honneur d'être le petit-neveu par alliance de ce brave soldat, et voilà comment sont venues entre mes mains les quarante lettres conservées par ses parents, qui vont nous permettre de restituer la physionomie authentique et vivante d'un volontaire républicain.

Sans être un lettré, Alexandre Brault avait reçu une instruction assez complète. Ses lettres sont écrites de l'écriture claire et hardie qu'enseignaient les magisters d'antan ; l'orthographe est fort passable ; le style se ressent du goût de l'époque, le bon sergent a certainement un faible pour les grands mots et les formules sonores, mais le ton général est si franc et si sincère, l'allure si martiale et si vive qu'on lui pardonne volontiers la redondance et les métaphores surannées qui donnent à sa phrase un air de gloire un peu rococo.

Comme homme, le sergent Brault mérite toute notre sympathie. Il s'accuse d'avoir « un caractère léger et inconstant » (1) mais il se calomnie, ou plutôt l'expression trahit sa pensée ; il veut dire seulement qu'il est né avec des goûts plus aventureux que la plupart des Mayennais. Toutes ses lettres, sauf deux, sont adressées à son père et à sa mère. A maintes reprises il les remercie de leur sollicitude et de leur affection, il s'informe de leur santé, il se plaint de ne pas recevoir assez souvent de leurs nouvelles, il engage son grand-père et son père à se reposer, il voudrait que ses jeunes frères prissent

____

(1) 24 Prairial an II.

pour eux la grosse besogne. « J'ai été porté à l'hôpital, écrit-
» il à ses parents, j'étais dans un tel état qu'il me fallait
» lever pour faire mon lit, et dans ma fièvre, toujours en
» délire, je vous voyais, je vous parlais, je me promenais
» avec vous (1). » Son rêve est de revenir auprès de son père
et de sa mère lorsque la paix sera rétablie. « Après la Patrie,
» mes parents me sont les plus chers; aussitôt que je serai
» quitte envers elle, je m'empresserai de voler dans vos bras
» et de vous témoigner par mon dévouement toute la recon-
» naissance d'un fils instruit des principes de la nature (2). »

A la mort de son frère Etienne, il se montre à la fois ému
et délicat. Il charge une amie de sa famille d'apprendre la
triste nouvelle à ses parents. « Les larmes aux yeux, plongé
» dans la plus grande affliction, je vous apprends que mon
» frère n'existe plus. Connaissant l'intime amitié qui vous a
» toujours unie à mes père et mère, je ne connais personne
» plus capable que vous de les consoler, ou plutôt de mo-
» dérer leur affliction... » La sincérité de sa douleur lui fait
trouver des pensées justes et simples. Pour adoucir la peine
de ses parents, il leur rappelle que leur fils « a toujours été
» honnête homme et emporte avec lui l'estime de tous ceux
» qui le connaissaient ». Il se console lui-même en pensant
» qu'il a toujours agi en frère avec Etienne » (3).

Un soldat est souvent tenté de faire appel à la bourse pater-
nelle. Le sergent Brault ne s'y résoud qu'en cas d'absolue
nécessité. Ses parents s'alarment même de sa réserve, et il
est obligé de leur affirmer qu'à l'occasion « il ne ferait aucune
» difficulté de leur marquer son besoin » (4). En Floréal
an II, il demande à son père 100 livres, qui lui sont néces-
saires pour remplir les fonctions de vaguemestre de son

(1) 17 Frimaire an X.
(2) IVe jour complémentaire an II.
(3) 17 Juin 1793.
(4) 16 Juin 1793.

bataillon. Il ajoute aussitôt : « N'ayant besoin de rien puis-
» que je vois quelque petite chose devant moi... et connais-
» sant combien le pays est malheureux, je ne t'en aurais pas
» parlé sans ton offre. Ma peine serait de te gêner pour
» moi (1). » En Pluviôse an IV, il a besoin d'un secours de
route pour se rendre de Vilvorde à Mayenne en congé de
convalescence, mais il serait fâché qu'on se gênât pour lui,
et si on ne peut rien lui donner, il s'arrangera d'une autre
façon (2). Il regarde ce qu'il reçoit de sa famille comme un
prêt. Il rembourse dès qu'il le peut les avances qu'on lui a
faites (3). L'argent reste toujours le cadet de ses soucis. Au
jour de son décès, il possédait 46 fr. 75 d'argent comptant et
avait prêté 83 francs à un de ses camarades (4).

Le bonheur de ses amis n'excite en lui aucune jalousie. Le
citoyen Coulon retourne au pays : « Je sens par moi-même,
» écrit le sergent, le bonheur qui l'attend auprès de parents
» dont il est tendrement chéri. Je suis bien aise qu'il obtienne
» cette douce satisfaction. Un véritable ami souhaite à son
» ami le bonheur dont il voudrait jouir lui-même (5). » Il se
montre reconnaissant de toutes les attentions que l'on a
pour lui et pour les siens.

Le fond de son caractère est une sorte de fatalisme joyeux :
« Tout ce que nous sommes de mortels sur la terre, nous
» sommes continuellement en butte aux caprices du sort et
» l'on n'aurait jamais qu'un esprit sombre et mélancolique si
» l'on ne s'y soumettait point de bon cœur... Ce serait un
» crime avec une conscience pure de s'abandonner à des
» pleurs sans remède (6). »

(1) 19 Floréal an II.
(2) 14 Pluviôse an IV.
(3) 17 Frimaire an X.
(4) Procès-verbal de la vente des effets du citoyen Brault. — Au Môle
(île de Saint-Domingue), le 1er Fructidor an XI.
(5) 23 Prairial an IV.
(6) 24 Prairial an II.

Aussi aime-t-il à rire et sa verve se fait parfois railleuse comme dans cette amusante caricature des autorités constituées de Mayenne en l'an II : « Je t'assure que j'ai bien ri » avec mes camarades en voyant les ânes qui composent une » partie de l'administration de notre ville. Où a-t-on été » pêcher Duhail, aristocrate, pour président du tribunal ? — » Lamotte ; bon. — Lemaire, chirurgien ; est-ce là une mâ- » choire ? — Dutertre ; un imbécile ! — Et les officiers mu- » nicipaux ? — Jacquet, le plus bête de la ville ! — L'orgueil- » leux Grosse ! — Le fou Morice ! — et Havard ! — et Méret ! » Voilà une municipalité qui fait pitié (1). »

Sur cet excellent naturel la philosophie du dix-huitième siècle et l'esprit révolutionnaire ont marqué fortement leur empreinte. Ce n'est pas sans surprise qu'on découvre chez le brave sergent un voltairien décidé et un enragé jacobin.

Devenu tout à fait esprit fort, le sergent catéchise respectueusement son père et essaie de le convertir à la religion naturelle. La vieille foi n'est plus pour lui qu'un sujet de dédain et de moqueries : « Nous condamnions, dit-il, la » folie des Egyptiens, qui, lassés d'adorer les faux dieux, » adoraient jusqu'aux oignons qui croissaient dans leur » jardin. — O nations, ne sommes-nous pas aussi aveugles » qu'eux ? O philosophie, que tu nous as éclairés ! » Il rejette, bien entendu, le culte des saints et des miracles : « Déjà les petits saints d'or et d'argent s'avancent à grands » pas vers Paris (pour y être convertis en monnaie). Jamais » ils n'auront fait de plus beau miracle que de nous aider à » conquérir notre liberté (2). » Même sur mer, son scepti- cisme ne l'abandonne pas : « Nous avons essuyé une tempête » des plus terribles pendant quarante-huit heures. Soldats et » marins se recommandaient à la Madonna qui les a préser- » vés du naufrage. Si, avec ce miracle, elle eût fait encore

(1) 17 Frimaire an II.
(2) 17 Frimaire an II.

» celui de guérir radicalement ces pauvres malheureux dont
» le mieux portant est incapable de faire du service, je lui
» aurais volontiers dit un *Ave Maria*. Dans cette même nuit,
» cinq bâtiments grecs ont fait naufrage. Pourquoi n'ont-ils
» donc pas eu confiance dans la Madonna (1) ? » Il n'est pas
plus tendre pour les prêtres que pour les saints ; il ne voit en
eux que des fourbes, des artisans de mensonge et des agents
d'oppression. Mais si violent que soit son langage, il ne faut
pas le prendre pour un athée. Il reconnaît un Dieu, l'Etre
suprême, créateur de l'univers. Il veut qu'on l'adore « en
esprit et en vérité » mais sans culte extérieur, car avec un
culte il faudrait des ministres, et avec les ministres reparaî-
traient les vieux abus (2).

Il a donc su faire, ce simple, le départ entre ce que la religion
a de vraiment divin et ce qui est en elle l'œuvre des hommes.
Il a conçu le culte intérieur dans sa grandiose austérité, il a
compris que la prière doit être un hommage et ne saurait
être un marché, il a condamné dans son cœur les rituels et
les hiérarchies.

Mais au moment où nous serions tentés de l'applaudir, son
exemple va nous montrer que l'homme n'échappe à une
erreur que pour tomber dans une autre, que la vérité nous
est insaisissable, n'est pour nous que mirage et que chimère.
Le pauvre sergent n'a cessé d'être superstitieux que pour
devenir jacobin.

On ne comprendrait rien à l'histoire de la Révolution si
on ne partait de cette idée qu'elle a agi sur les esprits à la
manière d'une religion. La Déclaration des Droits de l'homme
est son évangile, les Montagnards ont la foi terrible des
inquisiteurs, les soldats de la République marchent au
combat avec l'enthousiasme des croisés. Sinistres ou radieux,
hommes de ténèbres ou hommes de lumière, héros ou scé-

(1) 17 Frimaire an X.
(2) 17 Pluviose an II.

lérats, tous se ruent dans la grande mêlée avec l'âme que leur ont faite quinze cents ans d'éducation catholique. Leur culte a changé d'objet mais n'a pas changé de caractère. Ils affirment toujours avec la même superbe, ils excommunient avec la même facilité, ils persécutent, ils tuent avec la même joie sauvage. Les ennemis de la République sont traités en hérétiques et en infidèles.

C'est bien ainsi que pense le sergent Brault. Il se croit naïvement le plus tolérant des hommes, mais il commence par mettre tous ses adversaires en dehors de l'humanité.

Ceux qu'il déteste le moins, ce sont les étrangers : « Ces » pauvres diables d'Autrichiens que l'on force à coups de » bâton à se battre contre les Français ». Il ne les ménage pas dans la bataille, mais pendant les heures d'armistice, il trinque volontiers avec eux ; il s'amuse à les faire boire : A la santé de la nation ! et il ajoute : « Après avoir bu ensemble, » on a recommencé de plus belle à se battre. Que la guerre » est une belle chose (1) ! »

Sa haine est déjà beaucoup plus vive contre les mauvais Français qui cherchent à échapper au service militaire : « J'ai » vu, dit-il, passer par ici la réquisition du district de Lassay. » J'en ai reconnu quelques-uns avec qui j'avais étudié, et avec » qui j'ai parlé. Ils me paraissaient vraiment si brigands que » j'avais honte de dire que ce fût mon département. Tous les » jours on en reconduit de brigade en brigade à leur desti- » nation. Tous ces chiens-là, que l'on conduit à coups de » bâton, ne sont jamais bons... La plupart d'entre eux » s'étaient mariés pour rester chez eux... ils sont partis » toute la même chose... Pour que l'on puisse en faire quel- » que chose de bon, il faut leur faire une unique occupation » de l'école militaire (2). »

Les Vendéens lui inspirent d'abord quelque pitié. Il rejette

---

(1) 24 Prairial an II.
(2) 7 Floréal an II.

là faute sur les aristocrates qui ont entraîné ces fanatiques (1). Mais la guerre civile dure trop longtemps et accumule trop de ruines pour qu'il ne se croie pas obligé d'en maudire les auteurs : « Il faudrait, dit-il, que la justice nationale se mon- » trât avec rigueur contre ces enfants qui déchirent le sein » de leur mère, ne pardonner à aucun, détruire même leurs » habitations, et y substituer des républicains (2). » Il se réjouit de voir arriver à Dunkerque « l'armée révolutionnaire » suivie de trois guillotines. Les portes de la ville sont fer- » mées à tous les bourgeois, gare à ceux qui refusent de se » conformer aux lois : la guillotine les attend ! » Il en arrive à émettre ce vœu abominable : « Il serait à souhaiter qu'il y » eût encore 100,000 têtes à tomber (3). »

Mais ceux qu'il hait par dessus tout, ce sont les émigrés, « ces lâches qui ont abandonné leurs foyers pour se révolter » contre leur patrie ». Il trouve juste qu'on les fusille sans jugement. Il écrit froidement qu'il en a vu fusiller plus de 400 (4). La haine qu'il leur porte s'exagère jusqu'à la férocité; il voudrait prendre un émigré vivant « pour le faire danser à » son aise (5). »

N'éprouve-t-on pas le sentiment le plus pénible en voyant la passion politique égarer à ce point un homme naturellement droit et bon ? Maudites soient les doctrines qui peuvent verser tant de fureur dans une âme!... Oui, sans doute, mais c'est peut-être cette fureur même qui a donné à la France la force de vaincre l'Europe coalisée. C'est en s'exaltant jusqu'à la démence que nos paysans en guenilles et en sabots ont cul- buté les plus beaux régiments de l'empereur et des rois ses alliés.

Pour le sergent Brault, comme pour tous ses camarades,

(1) 7 Avril 1793.
(2) 7 Floréal an II.
(3) 17 Frimaire an II.
(4) 6 Brumaire an III.
(5) 21 Prairial an III.

il est un dogme fondamental et absolu : c'est que le Français ne peut être vaincu que par trahison. Une bataille perdue appelle le châtiment des traîtres. Les traîtres punis, la victoire est certaine. Avec une pareille conviction, on souffre tout sans se plaindre et l'on attend sans défaillance l'immanquable triomphe.

Détestable politique, le sergent Brault est un merveilleux soldat.

La discipline est acceptée par lui sans colère et sans réserve. Il trouve juste d'avoir passé un jour aux arrêts pour s'être amusé un quart d'heure avec un camarade (1). Il écrit le 16 juin 1793 : « On vient de lire aujourd'hui un code de disci-
» pline militaire que nous avons tous juré de suivre de point
» en point. Il est un peu rigoureux, mais des gens qui sont
» sûrs de se conduire toujours dans le chemin de l'honneur
» ne craignent rien. Au contraire, ils sont contents de voir
» punir ceux qui auraient la lâcheté de le mépriser... On
» doit penser comme cela quand on a pour but de sauver la
» République et de conquérir sa liberté (2). »

Les misères de la guerre ne semblent pas l'atteindre. Sous Dunkerque, pendant l'été de 1793, les hommes de sa compagnie restent quatre mois sans pouvoir retirer leurs vêtements ; il conclut simplement : « Si les grenadiers sont heureux en
» temps de paix, ils le payent bien en temps de guerre (3). » Il ne se plaint pas de la solde, quoique personne ne veuille plus accepter d'assignats, et qu'il ait vu donner cent sols pour un pain de trois livres (4). Il est reconnaissant à la Convention d'avoir élevé à 2 sols par jour la paye du soldat (5), et se croit presque riche avec 5 sols, comme sergent-major (6).

(1) 22 Octobre 1792.
(2) 16 Juin 1793.
(3) 18 Septembre 1793.
(4) 15 Frimaire an III.
(5) 27 Thermidor an III.
(6) 23 Prairial an IV.

Il n'est pas difficile pour le logement. Lui et ses camarades
ont construit une belle baraque de 30 pieds de long sur 24 de
large, avec un lit de camp pour 20 hommes et une cheminée
en briques. C'est une véritable maison ; le cantinier en a
offert 200 livres. Arrive un ordre de départ ; il faut aller plus
loin et se contenter d'une hutte de branchages : « J'aurai
» moins de regret de la quitter, dit-il joyeusement (1). »

La table n'est pas toujours bien servie ; le sergent Brault
trouve que le pain de munition convient à son tempérament
et ne se plaint jamais. En frimaire an III, au bivouac d'Aas-
donk, sous Bréda, il faut être levé à 5 heures, et faire des
patrouilles dans le brouillard. Il fume sa pipe et boit un
verre de genièvre avant la corvée. S'il met un peu de vinaigre
dans l'eau qu'il boit, il s'excuse de ce sybaritisme en disant
« qu'on deviendrait hydropique à boire l'eau du pays qui est
« toute marécageuse. » Il trouve le pain bon, la viande bonne,
et prend garde seulement à ne pas trop manger (2).

Il est plus coquet que gourmand. En germinal an II, il
s'achète un chapeau de douze livres, parce que la Nation ne
donne plus que des casquettes « qui ne vont point à des gre-
» nadiers. » En frimaire an III il a une capote d'un bon
drap de Louviers qui vaudrait plus de 150 livres, s'il lui eût
fallu l'acheter. Quand il est nommé sergent-major, après trois
ans de campagne, ses parents lui offrent des galons en or, il
les remercie avec une visible satisfaction (3).

La résignation et l'endurance ne sont encore que des vertus
négatives. Ce qui est vraiment admirable chez notre sergent,
c'est l'enthousiasme qui l'anime, l'entrain endiablé qui le
pousse en avant: « Le zèle avec lequel nous servons la patrie,
» écrit-il le 21 octobre 1792, nous fait tout braver, et aucun
» d'entre nous, à quelque prix que ce fût, ne voudrait ne pas

(1) 15 Frimaire an III.
(2) Même date.
(3) 11 Prairial an III.

» avoir quitté ses foyers… Plus nous avons de mal, et mieux
» nous nous portons ! (1)… Les grenadiers sont faits pour
» être toujours à la tête quand il s'agit de se battre, et à la
» queue quand on est forcé à la retraite (2). »

Pour un pareil homme les jours de fête sont les jours de
bataille. Il annonce avec joie à ses parents « que le citoyen
» Dumouriez les a choisis, lui et ses camarades, pour faire
» la conquête du Brabant, qu'ils ne sont qu'à trente lieues
» de Bruxelles, et qu'ils attendent avec impatience les ordres
» du général. — Avant d'entrer au combat, leur courage les
» rend sûrs de la victoire (3). »

La désastreuse retraite qui suit la bataille de Neerwinden
(13 mars 1793) n'abat pas un instant le courage du sergent
Brault. C'est la faute à Dumouriez… le soldat n'a qu'à
obéir en aveugle… et bientôt l'armée rentrera en Hollande (4).

Cependant l'armée se replie sur la Flandre, Dunkerque est
assiégé par 100.000 ennemis. Le 22 août 1793 le camp français de Giwelde est emporté aprés trois heures de combat.
Le 24 août, une sortie de la garnison de Dunkerque est
encore repoussée. Les batteries ennemies sont en place.
Dunkerque va être bombardé…

Le 11 septembre, le sergent Brault commence sa lettre par
le cri de : Vive la République ! Attaqué par la garnison,
menacé en arrière par Houchard, l'ennemi a levé le siège de
Dunkerque, abandonnant ses canons et toutes ses munitions…
les chasseurs et les cuirassiers français ont poursuivi les
hussards de Cobourg et les ont attaqués à l'arme blanche…
pas un ne s'est retiré sain et sauf. « Il semblait que les Fran-
» çais fussent des diables (5). »

---

(1) 22 Octobre 1792.
(2) 16 Juin 1793.
(3) 21 Octobre 1792.
(4) 7 Avril 1793.
(5) 11 Septembre — 18 Septembre 1793.

Dès lors, la défaite de la coalition ne fait plus le moindre doute. La France est un volcan en éruption. Au printemps de 1794, tous les bataillons sont complétés à 1044 hommes, et si cela ne suffit pas, on a encore les hommes de la deuxième réquisition. « Jugez de la force de la République ! Jamais la » République ne périra ! (1). »

En garnison à Péronne pendant l'hiver de 1794, il utilise ses loisirs en instruisant les recrues : « Trois heures d'exer-» cice le matin et trois heures l'après-midi empêchent que » l'on ne s'ennuie (2). »

Mais le printemps revient ; on entend au loin gronder « le » brutal » (le canon) et l'on s'indigne de rester dans l'inac-tion (3). On fait une adresse à Pichegru (4), et le 9 prairial on obtient enfin « d'aller se mesurer une fois encore avec les » esclaves des rois (5). »

Le 21 prairial, le sergent Brault est au comble de ses vœux, il est au camp devant Ypres, et malgré le bruit des bombes et du canon « il dort aussi tranquillement dans la tranchée » que s'il était dans le meilleur lit (6). » Il écrit à la citoyenne Foucault ; il la console en quelques mots de la perte de sa mère, puis il revient bien vite à cette guerre qui le passionne, à ce siège qui l'hypnotise : « Tu ne serais pas contente, » dit-il candidement, qu'étant au milieu du boucan de plus » de 40 bouches à feu, je ne te parle pas du désastre de cet » infernal carillon. Depuis huit jours je suis sourd. Notre lit » est de gazon ou bien un trou comme les lapins. Nous dor-» mons le jour, et la nuit nous travaillons, et nous jouissons » du plaisir de voir le feu enflammer les quatre coins de la » ville. C'est une lettre de change des maux que ces coquins

(1) 17 Pluviôse au II.
(2) 20 Ventôse an III.
(3) 8 Germinal an II.
(4) 4 Prairial an II.
(5) 9 Prairial an II.
(6) 21 Prairial an II.

» ont fait souffrir aux Français... Les soldats de la Patrie
» sont témoins des cruautés de ses ennemis, aussi tombent-
» ils sur eux comme les bergers sur le loup (1). »

Après Ypres, c'est Bréda, c'est Berg-op-Zoom dont les
remparts tombent, c'est la grande conquête qui commence.
On est toujours aussi pauvre ; la Convention envoie au camp
une couronne de lauriers « le plus riche présent qu'elle pût
» nous faire » dit le sergent (2) ; mais la victoire le met en
appétit. Comme leurs voisins de Normandie, les Manceaux
sont convoiteux et notre Manceau commence à penser au
butin : « Quels riches trésors la patrie ne va-t-elle pas tirer
» de tous ces pays, où toutes les villes sont (nos) tributaires,
» suivant leurs moyens. Sans compter les grains que nous
» moissonnons, les bœufs et les vaches que nous réqui-
» sitionnons pour nourrir l'armée... Un pays conquis doit
» fournir à ses vainqueurs des vivres, s'il y a possibilité,
» sans compter le numéraire qu'il faut qu'il verse dans ses
» coffres, c'est toujours un à-compte sur les frais de
» guerre (3). »

En février 1795 la Hollande est conquise et l'on chante les
nouveaux exploits sur les vieux airs :

« Le vent, la neige et les frimas
» Affligent nos braves soldats.
» C'est ce qui nous désole. (bis)
» Mais malgré le ciel en courroux,
» Toute la Hollande est à nous ;
» C'est ce qui nous console. (bis) (4) »

Après l'occupation de la Hollande, une accalmie se produit.
L'armée du Nord monte la garde sur la frontière du Rhin.
On parle d'une descente en Angleterre et le sergent Brault

(1) 24 Prairial an II.
(2) 6 Brumaire an III.
(3) 12 Thermidor an II.
(4) Pluviôse an III.

se réjouit de faire la guerre sur mer (1). On parle aussi de paix, le Directoire autorise les officiers à démissionner, et le sergent Brault commence à songer aux joies du retour (2).

Tout à coup, la fièvre le terrasse. Il est évacué sur l'hôpital militaire de Vilvorde, près Bruxelles, qu'il trouve encombré de plus de 600 malades (3). Il y reste six semaines, et dans une dernière lettre, datée du 13 thermidor, il annonce à ses parents son prochain départ pour Mayenne.

Là s'arrête la correspondance suivie du sergent Brault.

Une lettre isolée nous apprend qu'il traversa l'Italie en 1801, et prit part, comme officier, à l'expédition du général Thurreau à l'île d'Elbe. Les troupes françaises furent décimées par la fièvre. On vit des bataillons réduits à 49 hommes. Le lieutenant Brault fut atteint et resta plusieurs mois malade (4).

A peine remis, il demanda à faire partie du corps expéditionnaire de Saint-Domingue. La paix générale venait d'être rétablie par le traité d'Amiens, et les militaires désireux d'avancement s'offraient en foule pour aller combattre les révoltés haïtiens. Débarqué au Cap le 7 pluviôse an XI, le lieutenant Brault était bientôt nommé capitaine (5), mais le 30 thermidor, il mourait de la fièvre jaune, à dix-huit cents lieues de son pays, dans une salle d'hôpital qui devait être un charnier. Son père n'apprit sa mort que trois ans plus tard, le 20 juillet 1806.

Ce brave soldat mérite qu'on le salue au passage. Il est Français de pied en cap, par ses défauts comme par ses vertus. Nous sommes, hélas ! toujours aussi intolérants et aussi sectaires, tâchons d'être aussi vaillants. Dans la bataille de la

(1) 8 Ventôse an III.
(2) 23 Prairial an IV.
(3) 10 Messidor an IV.
(4) 17 Frimaire an X.
(5) 1er Thermidor an XI.

vie, nous ne sommes, comme lui, que d'obscurs soldats, et nous ne savons pas mieux que lui où nous allons. — Nous aussi, nous faisons des patrouilles dans le brouillard ! — Marchons allègrement, comme il marchait lui-même, la paix au cœur et la chanson aux lèvres, bien convaincus que derrière la brume luit le soleil et qu'aucun effort ne sera perdu aux yeux de la souveraine justice qui domine et explique l'univers.

DESDEVISES DU DEZERT,

Professeur d'histoire à l'Université.

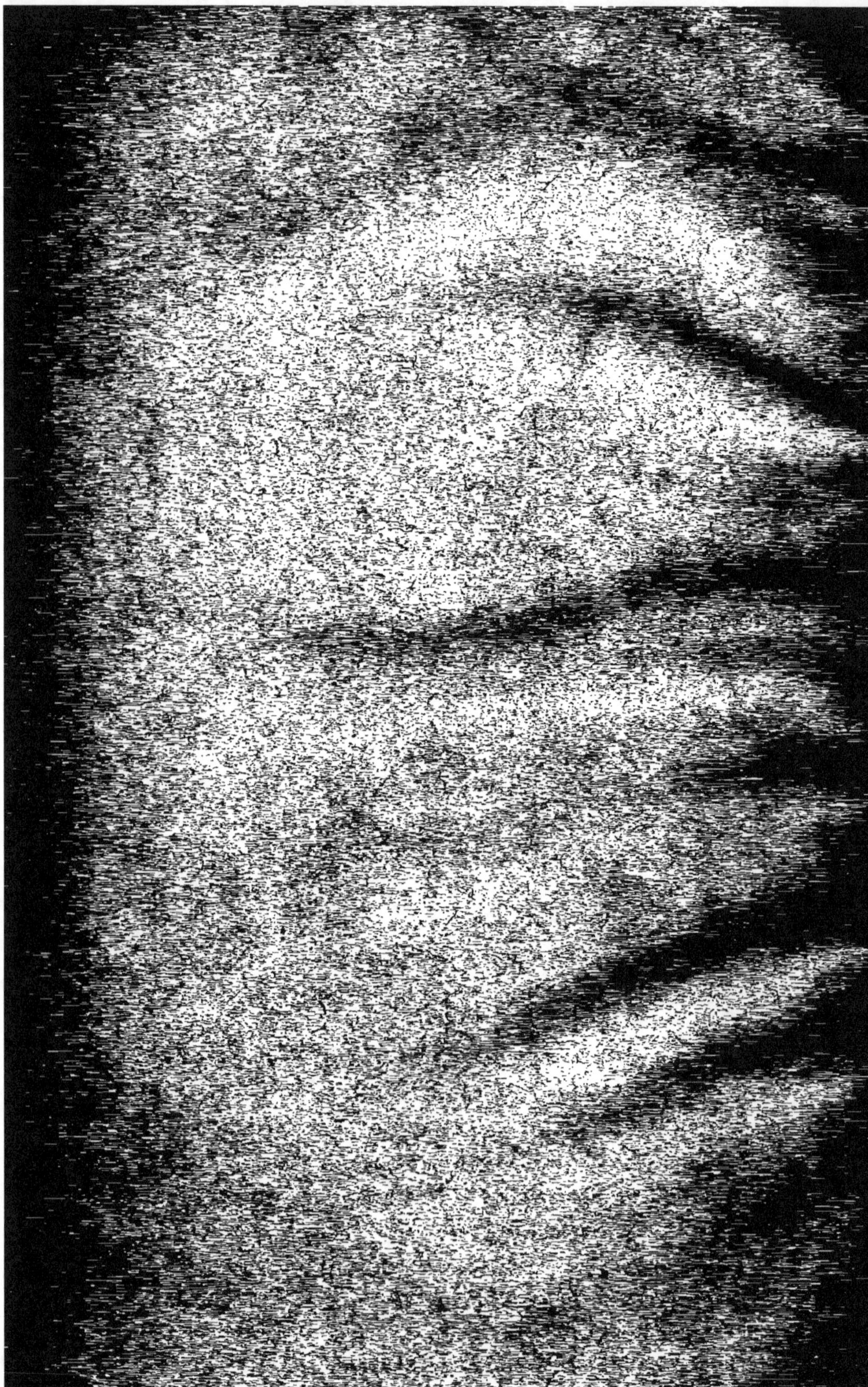